AF144941

Für Flora und Leo

THOMAS   SIEMENSEN

HOPPE·REITER

UNDSOWEITER

Bibliografische Information der Nationalbibliothek:

Die deutsche Nationalbibliothek verzeichnet diese Publikation in der

deutschen Nationalbibliografie; detaillierte Daten sind im Internet über

http://dnb.dnb.de abrufbar.

© 2015 Thomas Siemensen

Herstellung und Verlag:

BoD — Books on Demand, Norderstedt

ISBN: 978-3-7347-5282-7

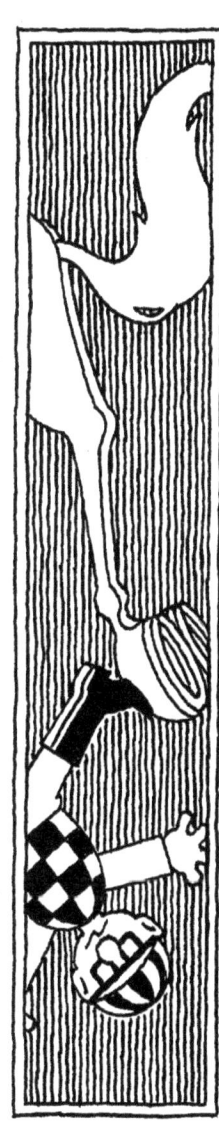

Hoppe, hoppe Reiter,
wenn er fällt, dann schreit er.

Fällt er in den Graben,
fressen ihn die Raben.

Fällt er in die Hecken,
fressen ihn die Schnecken.

Fällt er in den Sumpf,
macht der Reiter PLUMPS!

Geschieht nicht noch
ein Reiterwunder,
fällt er immer weiter runter.

Fällt er auf das Trampolin,
fällt und
fällt und
fällt er hin.

Fällt runter er beim Wolkenbruch,

dann lohnt sich schon ein Schwimmversuch.

Fällt er auf das Schinkenbrot,
halb so schlimm, Schwein war schon tot.

Fällt flatternd er
und kommt weit,
wird's Huhn gepackt
von Flugneid.

Fällt er durch beim Führerschein,
muss er weiter Reiter sein.

Fällt er einen
Tann'baum,
ist's des Försters
Albtraum.

Fällt er auf
die gute Fee,
wünscht er
dreimal
„Tut nicht weh".

Fällt er in Zauberers Zylinder,
* Simsalabim *
und schon verschwind't er.

Fällt er auf die Tretmine,
dann ist ihr Tritt Routine.

Fällt er mitsamt dem Pferde,
bringt's ihn unter die Erde.

Fällt er in
der Abflugschneise,
wünscht der Tower
„Gute Reise".

Fällt hinauf er
bis zum Mond,
gibt's 'nen Krater
wie gewohnt.

INFO

Mehr Cartoons, Comics und Illustrationen vom gleichen Autor unter:
www.siemensen-cartoons.de

Weitere Informationen und Bibliografie:
de.wikipedia.org/wiki/Thomas_Siemensen

KONTAKT

E-Mail: thomas-siemensen@freenet.de